D1825546

Llethrau Llithrig!

Arwel John

(h) Awdurdod Cymwysterau, Cwricwlwm ac Asesu Cymru, 2003

Cyhoeddwyd gan
Y Ganolfan Astudiaethau Addysg
Prifysgol Cymru Aberystwyth
Yr Hen Goleg
Aberystwyth

ISBN: 1 85644 735 9

Dyluniwyd gan Richard Huw Pritchard

Golygwyd gan Brenda Williams

Ymchwil lluniau gan Gwenda Lloyd Wallace

Argraffwyd gan Wasg Gomer

Dymunir diolch i'r canlynol:

i Eleri Davies, Mavis Murray, Siân Hawkins ac Ann Humphreys am eu harweiniad gwerthfawr.
i'r ysgolion treialu:
Ysgol Bryn Gwalia, Ysgol Santes Gwladys, Ysgol Frongoch, Ysgol Comins Coch ac Ysgol Cynlais.

Diolch i'r canlynol am gael atgynhyrchu deunyddiau yn y llyfr hwn:

Ffotograffau:
Trwy garedigrwydd Snowdome, Tamworth: tud. 6, 14
Roberts Ski School, Wisconsin: tud. 8
Colorsport: tud. 9, 10
Getty Images: tud. 12, 13, 15

Mae llawer o bobl yn mwynhau mynd ar wyliau sgio.
Ond does dim digon o eira ym Mhrydain, ar wahân i'r
Alban. Felly mae llawer o bobl yn mynd dramor i sgio.

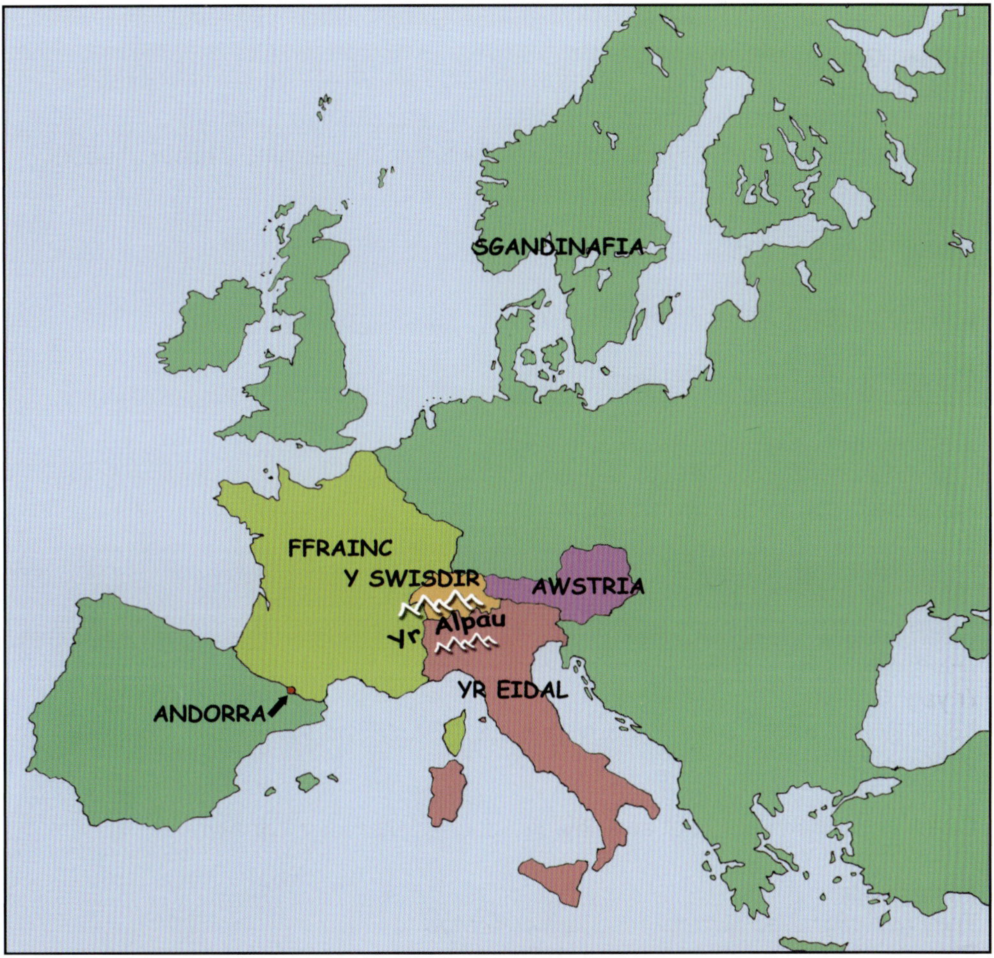

SGANDINAFIA

FFRAINC
Y SWISDIR
AWSTRIA
Yr Alpau
ANDORRA
YR EIDAL

Mae Ffrainc, Awstria,
y Swistir, yr Eidal ac Andorra
yn lleoedd poblogaidd.
Mae digon o eira yno!

ar wahân i – apart from
felly – therefore, so
mynd dramor – to go abroad

Mae'n bosib sgio yn rhywle drwy'r flwyddyn. Yn ystod ein gaeaf ni, mae pobl yn sgio yn Ewrop a Gogledd America, hynny ydy, yn hemisffer y gogledd.

Pan fydd hi'n haf yng Nghymru, mae'n bosib sgio yn Seland Newydd, Awstralia, Chile neu'r Ariannin. Mae'r gwledydd hyn i gyd yn hemisffer y de.

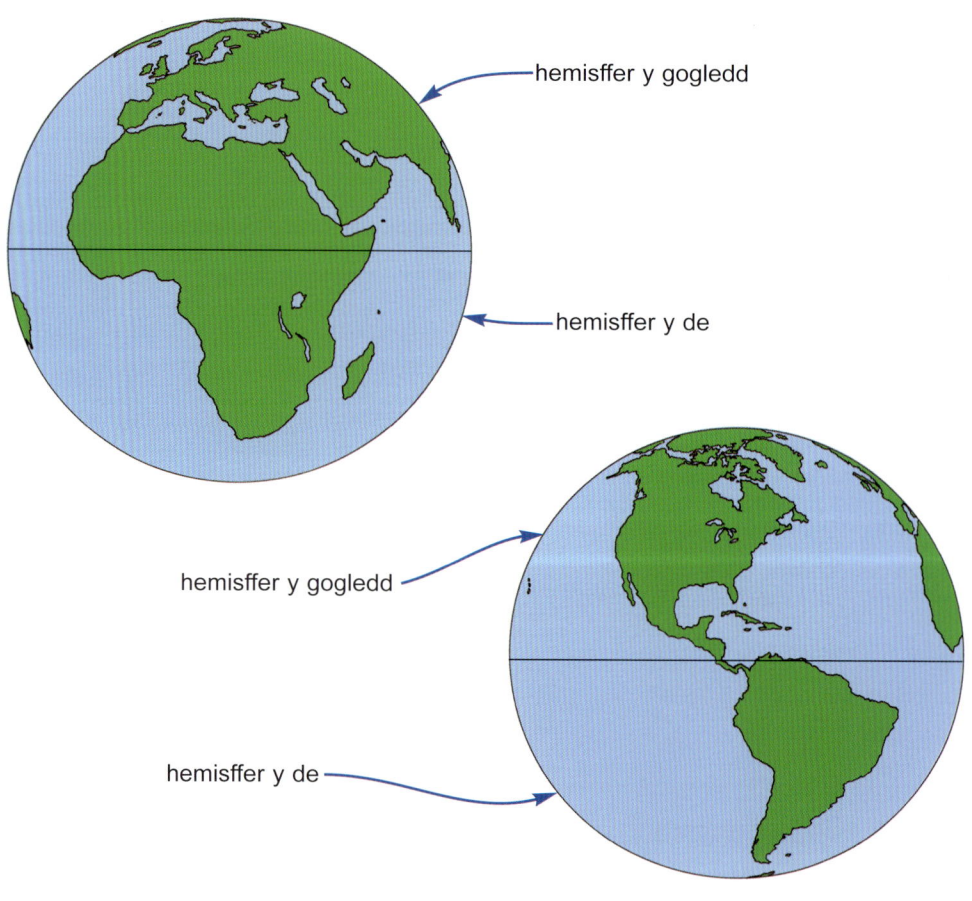

yr Ariannin – Argentina   **gwledydd** – countries
hemisffer – hemisphere

Rhaid **ymarfer** cyn mynd i sgio i wlad dramor.

Mae llethr sych mewn sawl lle yn ein gwlad ni.
Mae'n bosib cael gwersi sgio ar **lethr sgio sych**.

Dyma rai o'r llethrau sych yng Nghymru.

Ond does dim eira iawn yno.

Rhaid mynd i **dôm eira** i gael eira iawn. Mae un yn Tamworth yn ardal Birmingham. Y llethr sgio dan do yno oedd yr un cyntaf, gydag eira iawn, yn Ewrop.

Mae'n bosib sgio ar eira iawn yn y dôm drwy'r flwyddyn!

Mae'n bosib cael llawer o hwyl yn sledio yno hefyd.

dan do – indoor

Rhaid cael **dillad ac offer** addas i sgio.

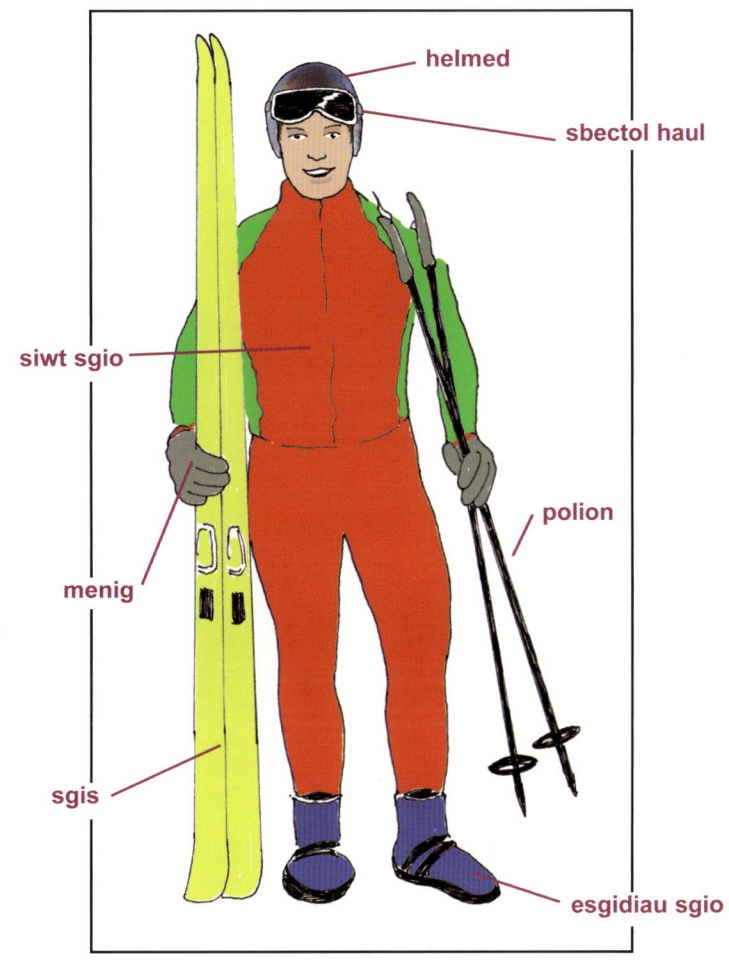

Mae angen:

- esgidiau sgio
- sgis
- polion
- helmed
- siwt sgio
- menig
- sbectol haul

Rhaid cofio am eli haul hefyd ac eli gwefusau.

Mae'r eira'n oer, felly rhaid gwisgo'n gynnes. Rhaid i'r dillad ddal dŵr hefyd er mwyn cadw'n sych yn yr eira.

Mae eisiau sbectol haul, eli haul ac eli gwefusau hefyd achos bod yr eira yn gwneud yr haul yn fwy llachar.

cynnes – warm
eli gwefusau – lip balm
llachar – dazzling

dal dŵr – waterproof
eli haul – sunscreen
offer – equipment

Y cam nesaf ydy **dysgu sgio**. Mae'r plant yn y llun yma yn dechrau dysgu sgio ar eira. Maen nhw'n cael gwersi mewn grŵp ac yn cael hwyl wrth ddysgu gyda'i gilydd.

Mae cydbwysedd yn bwysig iawn wrth sgio.

Rhaid i chi blygu eich coesau ychydig er mwyn cadw cydbwysedd.

cydbwysedd – balance

Mae'n bosib sgio i lawr llethr ac ar dir gwastad.
Yn yr Alpau, mae pobl yn **sgio i lawr llethr** fel arfer achos
bod llawer o fynyddoedd yno.

Mae sgio ar dir gwastad – **sgio traws gwlad** – yn boblogaidd
iawn mewn gwledydd sy'n cael llawer o eira, fel gwledydd
Sgandinafia.

Dechreuodd pobl sgio yn Sgandinafia filoedd o
flynyddoedd yn ôl. Roedd sgio yn ffordd dda o deithio ar yr
eira yn y gaeaf.

i lawr llethr – downhill   **tir gwastad** – level ground
traws gwlad – cross-country

Mae pobl sy'n sgio'n dda yn gallu cymryd rhan mewn **cystadlaethau**. Rasys ydy llawer o'r cystadlaethau.

Mae llawer o rasys sgio yn Chwaraeon Olympaidd y Gaeaf. Un gystadleuaeth ydy sgio i lawr llethr.

Mae'r sgiwyr yn sgio i lawr y llethr mor gyflym â phosib. Maen nhw'n sgio i lawr un ar ôl y llall. Yr un sy'n gorffen y ras yn yr amser byrraf sy'n ennill.

Mae'r sgiwyr gorau yn gallu mynd dros 100 km yr awr!

byrraf – shortest
cystadleuaeth, cystadlaethau – competition, competitions

Math arall o ras ydy **ras slalom**.

clwydi

Mewn slalom, mae'r sgiwyr yn rasio yn erbyn y cloc, ond y tro hwn rhaid iddyn nhw fynd rhwng y clwydi sy ar y cwrs. Maen nhw'n sgio igam ogam i'r gwaelod.

Yr un sy'n cyrraedd y gwaelod yn yr amser byrraf sy'n ennill.

gwaelod – bottom   **igam ogam** – zigzag

Camp arall yn Chwaraeon Olympaidd y Gaeaf ydy sgi neidio. Mae **sgi neidio** yn gyffrous iawn.

Mae'r sgiwr yn rasio i lawr ramp serth ac yna'n neidio'n uchel i'r awyr.

Mewn cystadlaethau, mae beirniaid yn rhoi marciau i'r sgiwr am bob naid. Maen nhw'n cael marciau am sut maen nhw'n neidio ac am hyd y naid hefyd.

Mae rhai o sgiwyr gorau'r byd yn gallu neidio 100 metr.

beirniaid – judges
cyffrous – exciting

camp – event
hyd – length

Ffordd arall o sgio ydy **sgio acrobatig**. Mae tri math o sgio acrobatig.

Un ydy gwneud symudiadau bale wrth sgio. Mae'r sgiwr yn dawnsio i gerddoriaeth ar yr eira.

Math arall ydy neidio a throi wrth sgio dros dir anwastad.

Y trydydd math ydy gwneud triciau yn yr awyr.

anwastad – uneven   **bale** – ballet

Ffordd o symud ar eira ydy **eirfyrddio** hefyd. Mae'n debyg i sglefrfyrddio – ond ar eira.

Rhaid cael bwrdd llydan tebyg i fwrdd sglefrfyrddio. Mae'r ddwy droed yn cael eu clymu wrth y bwrdd.

Mae eirfyrddwyr yn gallu reidio ar dir agored, ar fynyddoedd neu drwy goed. Maen nhw'n gallu gwneud pob math o driciau yn yr awyr hefyd.

Mae'n bosib dysgu eirfyrddio ar lethr sgio sych.

clymu – to tie
eirfyrddwyr – snowboarders

eirfyrddio – snowboarding
sglefrfyrddio – skateboarding

Mae eirfyrddwyr yn gallu cymryd rhan mewn cystadlaethau hefyd.

Weithiau, maen nhw'n neidio a gwneud triciau yn yr awyr. Mae beirniaid yn rhoi marciau am bob perfformiad.

Mae eirfyrddwyr yn rasio hefyd. Mae rasys slalom, tebyg i rasys sgio, yn Chwaraeon Olympaidd y Gaeaf.

Mae eirfyrddwyr yn gallu troi corneli yn dda iawn achos bod y bwrdd yn fyr. Maen nhw'n gallu symud bron mor gyflym â sgiwyr ar gwrs slalom!

Mynegai